ADRESSE

De l'Assemblée des Représentans de la Commune de Paris, à l'Assemblée Nationale, sur l'admission des JUIFS *à l'Etat Civil.*

SUIVIE

D'un Arrêté des Représentans de la Commune sur le même objet.

Et de la Réponse de M. le Président de l'Assemblée Nationale à la Députation de la Commune.

LE 20 Février 1790, M. Godard ayant annoncé que la grande majorité des Districts avoient émis un vœu favorable à l'admission des JUIFS à l'état Civil; & que tous, paroissoient avoir les mêmes intentions, a observé que l'Assemblée des Représentans de la Commune avoit le droit d'agir auprès de l'Assemblée Nationale, & qu'elle ne devoit pas tarder à faire une démarche aussi honorable pour elle, si elle vouloit agir à tems & efficacement.

Il a, en conséquence, proposé un Projet d'*Adresse* à l'Assemblée Nationale, & en a soumis l'examen à l'Assemblée des Représentans de la Commune.

Trois Commissaires, savoir, M. l'*Abbé Fauchet*, M. l'*Abbé Bertolio*, & M. *Duveyrier* ont été choisis pour revoir cette *Adresse*, conjointement avec M. *Godard*, & la rapporter incessamment à l'Assemblée.

Le 24 Février, M. *Godard* a lu l'*Adresse* suivante, qui a été *unanimement* adoptée.

ADRESSE

De l'Assemblée des Représentans de la Commune de Paris, à l'Assemblée Nationale, sur l'admission des Juifs *à l'Etat Civil.*

MESSIEURS,

LA destinée de la plupart des JUIFS du Royaume est encore indécise ; ou plutôt, il n'est que trop certain qu'ils restent encore chargés de leurs fers ; & que leurs chaines semblent tous les jours s'appesantir davantage, à mesure que les jouissances de la Liberté se multiplient autour d'eux.

Peut-être attendiez-vous qu'une opinion fortement prononcée vînt fortifier vos généreuſes intentions, & accélérer le moment de votre Juſtice. Nous-nous félicitons d'être les premiers à vous l'apporter cette opinion; elle n'eſt pas la nôtre ſeulement; elle eſt celle des nombreux Diſtricts de cette Capitale; & c'eſt Paris tout entier qui vous parle en ce moment par notre organe.

Il exiſte, dans cette Ville, un aſſez grand nombre de Juifs.

Les uns ſont répandus dans les différens quartiers de Paris.

Les autres, & en plus grande quantité, afin de rendre leur réunion entr'eux plus facile, & ſe dédommager ainſi de l'iſolement où ils étoient des autres hommes, ſe ſont affectionnés à des quartiers particuliers, où il leur a été impoſſible d'échapper à la ſurveillance publique. Tous, & par tout, ont été irréprochables dans leur conduite. Nulle plainte ne s'eſt élevée contr'eux. Jamais ils n'ont troublé l'ordre général; & s'ils étoient les plus malheureux, peut être auſſi, ce qui eſt aſſez extraordinaire, étoient-ils les plus paiſibles de tous les Citoyens.

A l'inſtant de la Révolution, leur courage, leur zéle & leur Patriotiſme leur ont acquis des droits à la reconnoiſſance publique.

Nous les avons vus au milieu de nous, décorés du ſigne National, nous aider à conquérir la Liberté ; & tous les jours ils nous aident à conſerver notre Patrimoine commun.

Ah! Meſſieurs, s'ils ont contribué à la conquête de la Liberté, pourroient-ils être condamnés à ne pas jouir de leur propre ouvrage? S'ils ſont de vrais Citoyens, ſous quel prétexte le titre leur en ſeroit-il refuſé? Nous oſerons dire qu'ils le mériteroient comme une récompenſe, s'il ne leur étoit pas dû comme un acte de Juſtice.

Leur Religion n'eſt point incompatible avec ce titre & avec les droits qui en émanent; puiſque les Juifs *Portugais*, *Eſpagnols & Avignonois* qui ont reçu de vous la qualité de *Citoyens actifs*, ont la même Religion, les mêmes principes, les mêmes uſages que les autres Juifs du Royaume, déſignés ſous le titre de *Polonois & d'Allemands.* Vous ne ſouffrirez donc pas que la ſeule différence dans l'acceſſoire ſeulement de la dénomination, ait une influence différente ſur deux claſſes d'hommes, qui portent le même nom; que les mêmes principes uniſſent, & qui doivent aujourd'hui ſe confondre les uns avec les autres, ſi d'anciennes injuſtices, ou des prétentions extraordinaires les ſéparent depuis long-temps. — Vous ne ſouffrirez pas que dans la même Ville, où il exiſtera des Juifs Portugais & des Juifs Allemands, les uns ſoient tout, & les autres rien; & que, par exemple, à Paris, où des Juifs Portugais ſont domiciliés à côté des Juifs Allemands, les premiers ſoient comblés des faveurs de la Nation, & les ſeconds chargés de ſes mépris.

Ni la raiſon, ni la Liberté ne peuvent tolérer plus long-tems un partage auſſi monſtrueuſement inégal.

Des Lettres-Patentes avoient été obtenues par les Juifs Portugais ; &, quoique fondées sur la nature & sur la Justice, elles n'étoient cependant qu'une préférence de l'Autorité arbitraire. Seroit-ce donc ce titre seul qui vous auroit déterminé ? Et n'auriez-vous consacré qu'un privilége ? Certes, ce qu'ont fait des Lettres-Patentes pour les Juifs du midi, un Décret National peut, à plus forte raison, le faire aujourd'hui pour les autres Juifs du Royaume.

Enfin, Messieurs, lorsque vous effacez toutes les distinctions entre les hommes, vous-vous garderez bien de les permettre dans une classe particulière, & de consacrer, parmi les Juifs, une sorte d'Aristocratie que vos généreux efforts sont parvenus à détruire parmi les Citoyens François.

Au nom de l'Humanité & de la Patrie, au nom des qualités sociales des Juifs, de leurs Vertus patriotiques, de leur vif amour de la Liberté, nous vous supplions de leur donner le titre & les droits, dont il ſeroit injuſte qu'ils fuſſent privés plus long-tems. Nous les regardons comme nos frères; il nous tarde de les appeller nos Concitoyens. Ah! déjà nous les traitons comme tels; notre intérêt nous fait un beſoin d'être confondus avec eux; notre intérêt nous donne le droit de réclamer votre juſtice, & pour eux, & pour nous. Accélérez leur bonheur & le nôtre.

Arrêté par nous Commiſſaires nommés par la Commune. Hôtel-de-Ville, le 24 Février 1790.

Signé, GODARD.
L'ABBÉ FAUCHET.
BERTOLIO.
DUVEYRIER.

Assemblée des Représentans de la Commune de Paris.

Extrait du Procès-verbal du Mercredi 24 Février 1790.

Séance du soir.

Sur la Religion.

L'ASSEMBLÉE considérant que les *hommes sont égaux en droits* (1) ; que la *différence des Opinions Religieuses n'est plus, en France, un obstacle à la tranquilité, & à la fortune de tous ceux qui y habitent* (2) : que *si l'Être Suprême a permis que les Juifs naissent & soient élevés dans les principes d'une Religion qui n'est pas la nôtre, nous devons, en respectant ses Décrets, aimer les Juifs comme nos frères* (3) : qu'un *des moyens les plus efficaces pour les ramener à notre Foi, c'est de les réunir à nous, en leur accordant les droits de Citoyens.*

(1) District S.-Marcel, arrêté du 5 Février 1790.

(2) —— des Capucins S.-Honoré. — du 6 du même mois.

(3) —— Des Théatins. — du 11.

Sur la Politique & les avantages de la Société.

Considérant qu'*après la conquête de la Liberté, il est encore une entreprise digne d'un Peuple libre, celle de vaincre & de détruire pour jamais des préjugés qui l'ont trop long-tems asservi, & dont il convient enfin de secouer le joug* (1) : que *la question de l'admission des Juifs à l'état Civil, en France, tient à l'ensemble des diverses parties qui doivent former l'Edifice majestueux de la Constitution* (2) : que *tous les Décrets de l'Assemblée Nationale portant l'empreinte de la Justice, de l'Humanité, & de cette élévation sublime, qui maîtrise les Préjugés aveugles que l'erreur, les passions, & le tems avoient consacrés; il est autant de la justice de cette Auguste Assemblée, que de l'intérêt même de la prospérité du Royaume, de ne permettre aucune distinction avilissante pour une classe d'hommes qui, depuis long-tems, vit sous la protection des Loix.* Que *c'est aux Loix en général qu'il faut imputer les vices des hommes beaucoup plus qu'à la Nature qui les destina aux impressions qu'on*

(1) District de S.-Severin, Arrêté du 5 Février 1790.

(2) —— des Prémontrés. — du 11 dudit.

veut leur donner ; qu'ainsi on ne peut reprocher à une Nation, des vices particuliers, qui ne soient l'effet de quelque Institution Politique, & qui ne puissent changer avantageusement par un meilleur ordre de choses (1) : qu'*en accordant aux Juifs l'état Civil, & tous les droits de Citoyen actif, c'est attacher à la France une Nation laborieuse & commerçante, qui ne peut que vivifier, augmenter & faire refleurir le Commerce, attirer dans le Royaume des richesses abondantes, en y amenant des Juifs des différentes parties du monde* (2) : que *cette population pourra beoucoup contribuer à réparer la playe que la révocation de l'Edit de Nantes a faite au Royaume ; playe qui n'est point encore cicatrisée aujourd'hui* : que l'*admission de ce Peuple présente des avantages, puisque fixant cette Nation dans le Royaume, on y fixeroit sa fortune, son numéraire, & qu'on y appelleroit en même-tems encore les fortunes des autres Juifs épars* (3).

---

(1) District de S.-Joseph, Arrêté du 4 Février 1790.
(2) —— des Théatins. — du 11 *idem.*
(3) —— de S.-Marcel. — du 5.

Sur la ſoumiſſion des Juifs aux Loix du Royaume.

Conſidérant que *ſi quelques Dogmes particuliers de la Religion des Juifs, ſemblent en contradiction avec les Loix de l'Empire François* (1), *le for intérieur de la conſcience ne peut être oppoſé aux Juifs, lorſque dans le for extérieur, ils ne ſeront plus diſtingués des autres Citoyens, lorſqu'ils conſentent à être jugés dans nos Tribunaux, non ſur leurs Loix particulières* (2), *mais ſur celles de l'Etat, auxquelles ils déclarent être entièrement ſoumis, en renonçant, á cet égard, à tous leurs Priviléges.*

Sur les témoignages des bonnes mœurs des Juifs.

Conſidérant que *dans cet inſtant qui a fixé le ſort de l'Empire, les Juifs de cette Capitale ſe ſont empreſſés de ſe réunir aux bons Citoyens; que le zèle Patriotique qu'ils ont témoigné, les a, par anticipation; incorporés à la Nation Françoiſe; puiſque, comme tous les autres Citoyens, ils ont ſupporté & ſupportent encore les charges du Service dans la Garde Nationale* (3); *qu'ayant ainſi ſervi avec ardeur, la Cauſe de la Liberté; la bonne conduite qu'ils ont toujours*

(1) Diſtrict des petits Pères, Arrêté du 5 Février 1790.

(2) —— des Carmélites du Marais.— du 29 Janvier 1790.

(3) —— des Théatins. —

montré, les Vertus qu'on a ſu qu'ils pratiquoient en ſecret ; les preuves qu'ils ont données comme Citoyens , comme bons frères , de leur entier dévouement à la choſe Publique, dépoſent puiſſamment en leur faveur (1).

Conſidérant enfin que *depuis nombre d'années, beaucoup de Juifs réſidans à Paris, ſe ſont acquis , dans cette Ville immenſe, une bienveillance fondée ſur leur zéle à remplir les devoirs de Citoyens , leur fidélité dans les engagemens de Commerce , leur conduite exemplaire & leur ſervice dans la Révolution actuelle ; que ce Peuple* (2) *regardé comme Citoyen , ſera ce que tout bon François doit être , bon Citoyen , bon Père , bon Epoux , bon Fils , & en un mot honnête-homme.*

A arrêté que *conformément au vœu de la preſqu'unanimité des Diſtricts* (3) , émis en

(1) Diſtrict des Pères Nazareth, Arrêté du 4 Février 1790.

(2) —— de S.-Germain-des-Prés. — du 12 dudit.

(3) Aucun Diſtrict n'a émis un vœu contraire aux Juifs. Lorſque l'Aſſemblée des Repréſentans de la Commune s'eſt décidée à prendre l'Arrêté ci-deſſus , 49 Diſtricts avoient déjà délibéré en faveur des Juifs. Les autres paroiſſoient avoir les mêmes intentions ; & c'eſt la rareté de leurs Aſſemblées, ou leurs affaires multipliées qui les ont empêchés juſqu'à préſent d'émettre leur vœu.

conſéquence de ſon Arrêté du 30 Janvier précédent, l'Aſſemblée Nationale ſeroit ſuppliée, par une *Adreſſe* préſentée au nom de la Commune de Paris, de rendre un Décret qui donnât aux Juifs de Paris, la qualité de Citoyens actifs, lorſqu'ils rempliront les conditions requiſes pour tous les François, à l'effet de jouir de ces Droits : a adopté, en conſéquence, l'*Adreſſe* propoſée par MM. *Godard*, *l'Abbé Fauchet*, *l'Abbé Bertolio* & *Duveyrier* ; & a arrêté qu'elle ſeroit portée demain à l'Aſſemblée Nationale, par les Commiſſaires ci-deſſus, & MM. *Faurot de la Tour* & *Ravault*, à la tête deſquels M. l'*Abbé Mulot*, Préſident de la Commune, voudroit bien ſe placer, pour prononcer l'Adreſſe adoptée par elle.

Signé, *BAILLY*, *Maire*,

MULOT, *Préſident*,

BERTOLIO,
CHANLAIRE,
CHARPENTIER,
BROUSSONET,
AMÉILHON.
} *Secrétaires.*

L'ARRÊTÉ ci-dessus est l'ouvrage de M. *Chanlaire*, qui a eu l'ingénieuse idée de ne le composer que des expressions mêmes de plusieurs Districts.

En vertu de cet Arrêté, l'*Adresse* des Représentans de la Commune a été portée à l'Assemblée Nationale, le 25 Février.

Voici la Réponse de M. l'Evêque d'Autun, Président.

MESSIEURS,

« L'ASSEMBLÉE Nationale s'est fait » un devoir sacré de rendre à tous les » hommes leurs droits ; elle a décrété les » conditions nécessaires pour être Citoyen » actif. C'est dans cet esprit, c'est en les » rapprochant de ces conditions, qu'elle » examinera, dans sa justice, les raisons » que vous exposez en faveur des Juifs, » d'une manière si touchante ».

De l'Imprimerie de LOTTIN *l'aîné*, & LOTTIN *de S.-Germain*, Imprimeurs - Libraires Ordinaires de la VILLE, rue S.-André-des-Arcs, 1790.

www.ingramcontent.com/pod-product-compliance
Lightning Source LLC
LaVergne TN
LVHW010215230826
846091LV00008BB/3527

* 9 7 8 2 0 1 9 2 3 4 5 7 7 *